CHRIS MARTIN
BUCHMACHER

Copyright © 2025 Chris Martin

Alle Rechte vorbehalten. Kein Teil dieses Buches darf ohne vorherige schriftliche Genehmigung des Urheberrechtsinhabers reproduziert, in einem Datenabfragesystem gespeichert oder in irgendeiner Form oder mit irgendwelchen Mitteln, elektronisch, mechanisch, durch Fotokopieren, Aufzeichnen oder auf andere Weise, übertragen werden, mit Ausnahme kurzer Auszüge für Rezensionen oder zu Bildungszwecken.
Für Genehmigungsanfragen wenden Sie sich bitte an:
Chris Martin E-Mail: booksmakeroffice@gmail.com

ERINNERN SIE SICH,
WIE SIE FRÜHER IN DEN HIMMEL GEFLOGEN SIND?

WELLEN KOMMEN UND GEHEN,
ABER DIE FREUDE BLEIBT.

ICH HABE DEN GERUCH
DES SOMMERS IMMER GELIEBT.

EINFACHE SPIELE WERDEN NIE VERGESSEN.

KLEINE KÜKEN, NOCH KLEINERE SORGEN.

DER DUFT DER KINDHEIT BLEIBT IN DER SEELE.

DER SOMMER SCHMECKT SÜSS UND VOLL.

DIE NATUR SINGT MIR MEINE ERINNERUNGEN.

ES WAR EINMAL...

DER GESCHMACK DES SOMMERS BLEIBT FÜR IMMER.

EINE WARME PAUSE WIRKT WUNDER.

ICH RUHE IN GUTEN GEDANKEN.

ZUHAUSE IST, WO IHRE HAUSSCHUHE SIND.

HEUTE SCHENKE ICH DIR EINE BLUME
AUS MEINER SEELE.

SIE VERGESSEN NIE, WER SIE LIEBT.

IN DER BOX SIND ZEIT, LIEBE UND WÄRME SICHER AUFBEWAHRT.

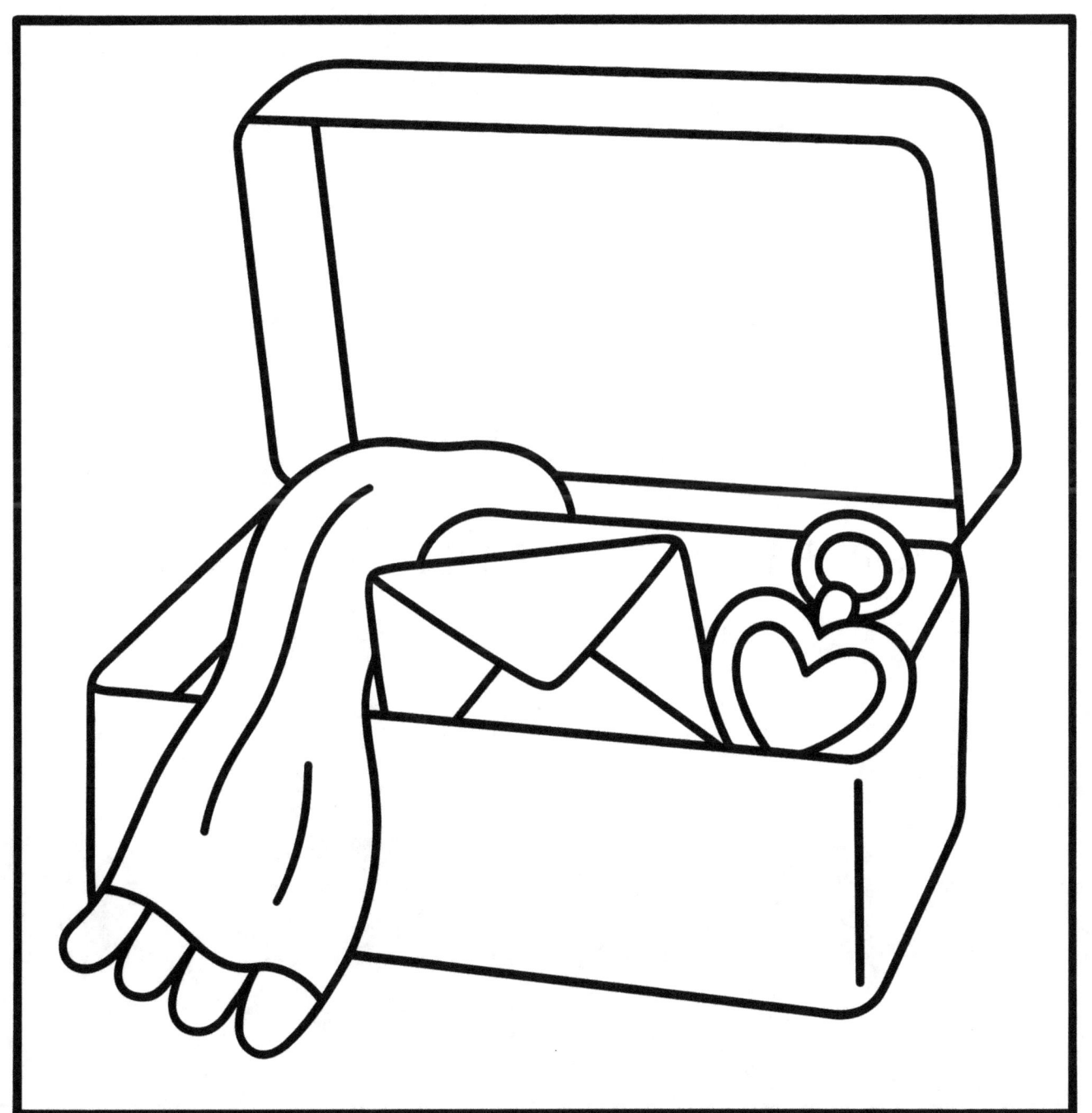

DIE WORTE BLEIBEN, DIE LIEBE ABER WEITER.

MEIN HERZ ERINNERT SICH AN DICH.

ICH RADLE DURCH ERINNERUNGEN.

DIE BRISE WECKT ERINNERUNGEN.

ICH LAUSCHE DER MELODIE MEINES LEBENS.

SCHÖNHEIT LIEGT IN DEN KLEINEN DINGEN.

JEDER STICH ERZÄHLT EINE SANFTE GESCHICHTE.

GEDULD IST EINE KUNST.

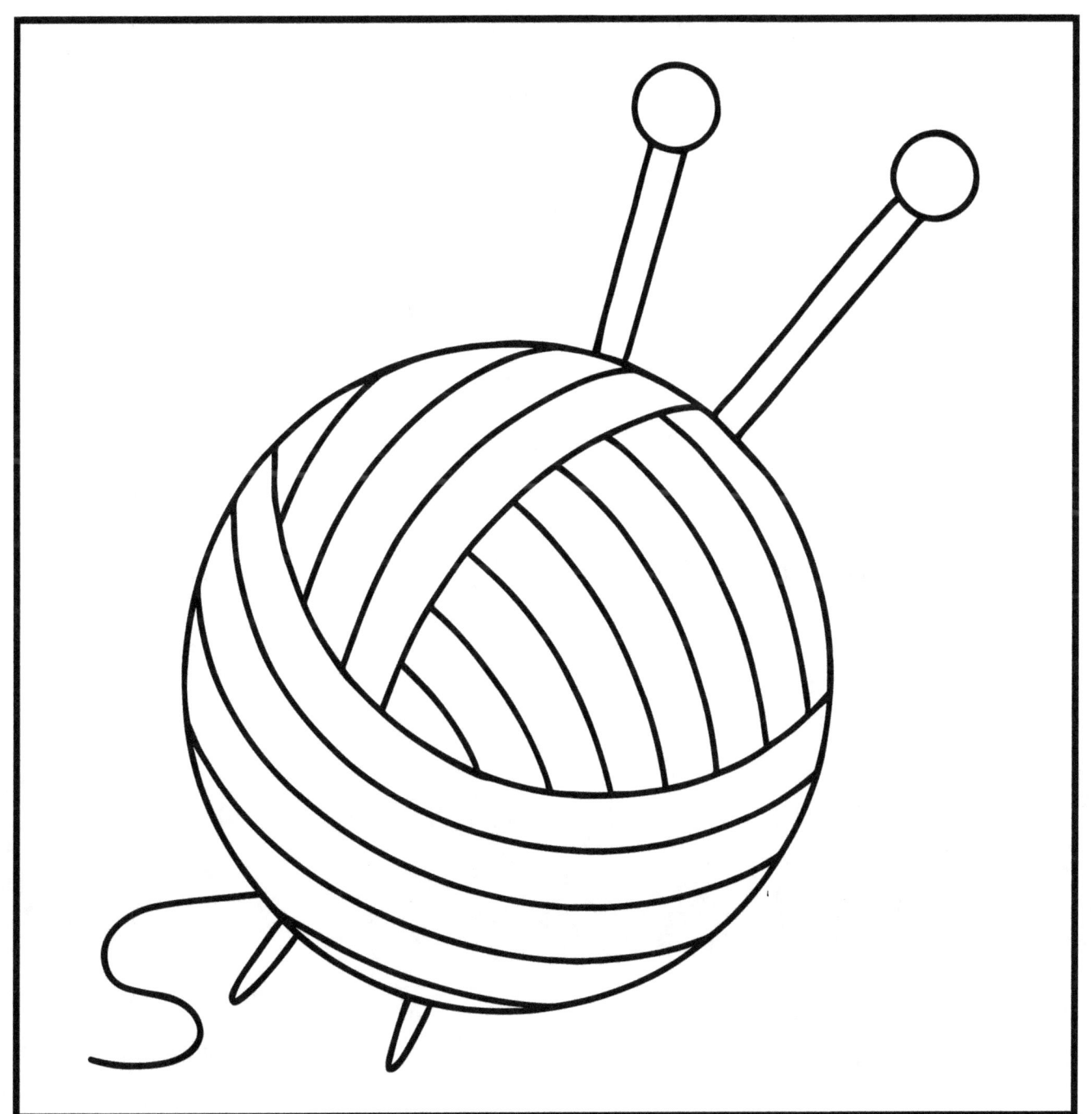

EIN WARMER MOMENT IN JEDER GESCHICHTE.

SCHÖNHEIT LEBT IN DEN STILLEN DETAILS.

ICH ERINNERE MICH, WIE ES IM WIND TANZTE.

STILLE MACHT KEINEN LÄRM.

SOGAR DAS GRAS SCHMECKT NACH URLAUB.

DIE SONNE LÄCHELT MICH IMMER NOCH AN.

www.ingramcontent.com/pod-product-compliance
Lightning Source LLC
LaVergne TN
LVHW060216080526
838202LV00052B/4291